Burkhard Gutleben – Weitere Fassung

Burkhard Gutleben

Weitere Fassung

Gedichte aus 50 Jahren

© 2024 Burkhard Gutleben

ISBN 978-3-384-15295-4

Das Werk, einschließlich seiner Teile, ist urheberrechtlich geschützt. Für die Inhalte ist der Autor verantwortlich. Jede Verwertung ohne seine Zustimmung ist unzulässig.
Druck und Distribution: tredition GmbH, Heinz-Beusen-Stieg 5, 22926 Ahrensburg
Publikation und Verbreitung erfolgen im Auftrag des Autors: Burkhard Gutleben, Straßburger Straße 100, 46047 Oberhausen

Vorwort

Der Wunsch, nach der Veröffentlichung einzelner Gedichte in kleineren Zeitschriften und dem Verbreiten von Sammlungen in selbst hergestellten Heften, mein 50-jähriges Jubiläum mit einem „richtigen" Buch zu würdigen, hat zu der vorliegenden Publikation geführt.

„Weitere Fassung" wurde als bewusster Kontrast gewählt zu dem Titel „Engere Wahl", den ich vor rund 15 Jahren für meine erste digitale Lyriksammlung, die auf dem Dokumentenserver der Universität Duisburg-Essen publiziert wurde, verwendet hatte.

Hier wird nun gut ein Dutzend zusätzlicher Gedichte vorgestellt. Darunter sind jedoch nicht viele aus den seit 2008 vergangenen Jahren, sondern eher die eine oder andere „Jugendsünde", für die ich mich am Ende doch nicht schämen sollte. Denn die 1970er Jahre waren ohne Zweifel meine produktivste Zeit. In der Vorbereitung auf das Abitur und während meines Germanistikstudiums wurde ich von vielen literarischen Vorbildern inspiriert.

In den darauffolgenden Jahrzehnten, als ich nicht mehr zur Ausbildung, sondern beruflich an der Universität war, erschien es mir zeitweise wichtiger, durch wissenschaftliche Publikationen auf mich aufmerksam zu machen. Erst nach dem Jahrtausendwechsel, einigen Aufsätzen in historischen Fachzeitschriften und Jahrbüchern, einem Buch über die deutsch-deutsche Heine-Forschung und der Mitarbeit an der ersten Festschrift für die eigene Bibliothek, fand ich wieder mehr Gefallen an Gedichten. In den Jahren nach dem Millennium entstanden so noch einmal schöne und wichtige Texte - quasi aus der Mitte des Lebens heraus.

Im Inhaltverzeichnis habe ich jeweils die Entstehungszeit der einzelnen Gedichte ergänzt. Wenn an einigen Stellen zwei Jahreszahlen erscheinen, soll dies darauf hinweisen, dass die ursprünglichen Versionen später mehr als nur marginal verändert wurden. Nicht eingegriffen habe ich in die Interpunktion und meine mitunter recht eigenwillige Groß- oder Kleinschreibung. Diese „künstlerische Freiheit" gehört für mich bei Lyrik dazu.

Aufstieg

Die Gewissheit haben wir
schon vor der Baumgrenze verloren

Auf dem Gletscher dann
kamen uns auch die Zweifel abhanden

Frei von jeder Bürde nun
steigen wir höher und höher ...

Hero

Worte werfen gegen
den täglichen Wahn
und sie verhallen wissen
ohne Resonanz

Zusammenhang schaffen
im sinnleeren Sumpf
Ihn – den Blick kaum wendend
wieder versinken sehn

Kollaboration verweigern
und der Neigung widerstehen
die Gunst des Vergessens
allzu gnädig zu gewähren

Den schon Abgeschriebenen
letzte Optionen erhalten
die eigene Narrenfreiheit
dafür täglich riskieren

Brüder finden in Don Quijote
Eulenspiegel und Sisyphus
(Schwestern ohne Namen
gab's immer genug...)

Aufreiben wirst Du Dich
und fragen für wen –
im Verzicht auf die Antwort
liegt Deine einzige Chance

Fortschritt

Muss denn jeder Kerenskij
einem Lenin weichen
den am Ende gar
ein Stalin beerbt?

All die Jahre in der Opposition
die zahllosen Knüppel
zwischen die Beine
und auf den Rücken
um nach dem Fall des Despoten
vor den Mullahs zu fliehen?

Was wollen die Massen?
Ein Joch bleibt ein Joch,
gleich wie es sich nennt!

Muss der Philosoph sich
dem Populisten beugen
nur weil dieser
im geeigneten Moment
vor einem Panzer posiert?

Um Memoiren zu schreiben
im Ausland Vorträge zu halten
und Medaillen zu empfangen?

Falls sie ihn dort
nicht weiter bespitzeln

und selbst nach Jahrzehnten
noch liquidieren...

Ohne Kämpfe
wird der Fortschritt nicht kommen
doch nicht jeder Täufer
bahnt einem Messias den Weg!

Die Fehler der sechziger Jahre
wollen wir nicht wiederholen

Für das Erreichbare arbeiten
unbemerkt winzige Gebilde
in leeren Räumen zurücklassen

Unsere eigenen Bücher kaufen
das soll uns nicht genügen

Unsere eigenen Fehler
in leeren Räumen aufarbeiten

Die Ergebnisse sodann
– winzige Gebilde wie gesagt –
für alle verfügbar machen

Das stellte ich mir schön vor

My generation

i

Haben wir
ganze Städte mit Bombenhagel
eingeäschert?
Haben wir
Volksgruppen in Lager gepfercht
und vernichtet?
Haben wir
Mauern gebaut und auf Flüchtende
geschossen?

Warum dann diese
abwertenden Bezeichnungen
verächtlichen Blicke
diskriminierenden Gesetze?

ii

Ihr findet nichts dabei
oder es gar in Ordnung so?
Wundert Euch nicht
wenn es hier eines Tages
wieder s.o.weit ist!

Schwarzes Schiff

unsichtbar die taue
wer nur zieht
dieses schwarze
uns fremde schiff
landwärts, jede nacht?

noch niemals hat es
den hafen erreicht
die kostbare ladung
erlösung verheißend
wird uns nicht zuteil

namenlos stemmen sie
– stets im dunkel –
sich gegen die strömung
und bewahren die fracht
vor dem driften ins nichts

Der Referent

Unverständlich
erschien uns der Referent
nicht erkennbar
seine Absicht

Zur Rede gestellt
antwortete er:
die Dinge zeigen
wie sie sind

Sind sie unklar
will ich sie nicht ändern
Haben sie kein Interesse
werde ich ihnen keins geben

Demagogie

Taub für Zwischentöne
blind für Nuancen
bild- und hörgeschädigt
die Menge im Saal

Seiner Vorbereitung zum Trotz
hier bringt er nichts rüber
und schon im Begriff
auf diesen Pöbel zu pfeifen

zieht er's dann vor
den Marsch zu blasen
und selbst im Gleichschritt
voran zu marschier'n

Nacherzählung

die wahrnehmung
ist unscharf
ausschnitthaft beschränkt
perspektivisch verzerrt
subjektiv befangen

die erinnerung
verblasst verschwimmt
kommt abhanden
vermischt sich
mit ähnlichem
namen orte zeiten
werden verwechselt
geraten durcheinander

die ereignisse
werden gedeutet
abläufe konstruiert
zusammenhänge geschaffen
sinn gestiftet im nachhinein:

jeder arbeitet an seiner biografie
verdrängt blendet aus
rückt ins rechte licht
verklärt oder dämonisiert

wir kreieren helden
pflegen feindbilder
schaffen mythen
erzählen geschichte(n)

sinn unterliegt dem wandel
bedeutungen variieren
konnotationen wechseln
spätere verstehen anders
oder gar nicht mehr

die skepsis speist sich
aus tausend quellen
und fragt warum
macht er noch immer
so viele worte?

Wortspiel

Keine Empfindungen haben
und
keine Worte für die Empfindungen haben
das ist nicht dasselbe

Deshalb ist das Schreiben von Gedichten
gar nicht so einfach

Keine Worte haben
und
keine Empfindungen für die Worte haben
das ist nicht dasselbe

Deshalb ist das Lesen von Gedichten
mitunter nicht einfach

Kunst

Es war aber einer
der formte Gebilde
leicht wie die Luft

Doch über Nacht jedes Mal
hatte der Wind
sie fortgetragen

Bau doch schwereres
sagten da welche
das am Boden verharrt

Das ist keine Kunst
entgegnete er
ihnen darauf

Atelier

Die weiße Göttin
hüllt sich in blauen Dunst

der Bildhauer
macht eine Pause

Freispruch

Schweigend stand er vor gericht
angeklagt eine wolke
lautlos zerteilt zu haben
mit einem zeppelin

Viele zeugen bestätigten
sie hätten den spalt gesehen
und durch ihn sonne und himmel

Zu seiner verteidigung wies er vor
drei blaue luftballons
mit briefen von kinderhand
adressiert an den lieben gott

Park

Als die Zeit des Nachmittags
federleicht verflog
und nicht mehr
zu fassen war
blieb die Sonnenuhr stehen

Ein Beet Tulpen im Quadrat
nicht wie geplant erblüht
die einzigen Zeugen

Aufwärts gewandt rufen sie
nach dem Himmelsmeister
dass er die Uhr wieder richte

flauto

wir rudern
über die Stille
des Mittagshimmels

überall Netze
der Einsiedler legte sie aus
um Glockenklänge
zu fangen

tief unten im Tal
werden wir
unserer Wurzeln gewahr

sieh –
da muss selbst die Sonne lächeln
und die Wolken winken
mit weißen Tüchern

Fabula

Fischlein schwimmen mit den Wellen
singen fröhlich von den Schiffen,
die am Abend gern zerschellen
an den Felsen und den Riffen.

Vöglein fliegen mit den Winden
pfeifen von den Freiballonen,
deren Fetzen sie oft finden
mitten in Gewitterzonen.

Rehlein hüpfen unter Eichen
schwatzen munter von den Zügen,
die nicht wollten wie die Weichen
und entzwei am Bahndamm liegen.

Inverness

niemand
ist hier in den highlands
dem nebel bleibt es überlassen
sich selbst zu zeugen
jeden tag aufs neue

Hohe Tatra

Eine Hotelterrasse
in der Nähe von Važec
Fichtennadeln
im Aperitif

Am Nebentisch diese
virtuose Cellistin
kam sie aus Québec
oder doch Montreal?

Gleichermaßen dürftig
unser Slowakisch
But her French of course
was better than mine

Denkpause

(Seis am Schlern 1911)

Zur Jause auf der Sennhütte
Dilthey und Husserl vereint
ihr Mandelbrot teilend
mit dem jungen Wittgenstein
grüßend nicken sie Frege zu
der sich den Cantorstaub
von den Stiefeln klopft
und die Veranda betritt

Glas

In der Glaswelt kannst du
hinter die Fassaden sehn
Dennoch darfst du
nur behutsam gehn
und jegliches Wort
will gewogen sein

In der Welt aus Glas
sind die Brücken labil
Die Last deines Nächsten
ist mitunter zuviel
und die Sorgsamen siehst du
fast immer allein...

Lonely poet's blues

Mit dem Kalenderblatt
warf ich heute Morgen
mein sechsundzwanzigstes
Jahr in den Papierkorb

Auf dem Tisch
das einzige Geschenk
Du hast es in eine
Zeitung gewickelt
vom letzten Jahr
Darauf sehe ich
ein ausgebranntes Flugzeug
und einen gestürzten Präsidenten

Daneben mein Apfel
hat ein braunes Muster
wie die Anden auf dem Globus
Mit zwei Fingern
fass ich ihn am Stiel
drehe ihn herum

Da bricht der Stiel
Der Apfel poltert über den Tisch
und fällt dumpf auf den Boden

mit der geschicklichkeit eines taschendiebes
stiehlt die zeit sich davon
ist schon aus dem raum
eh das „haltet sie" tönt

mit der trägheit eines tankers
kommt die erinnerung nach
du hängst sie nicht ab
wie schnell du auch schwimmst

Finale

i

mit großen
leeren augen
sitzen die kinder
und sehen der zukunft entgegen

sie nennen nichts ihr eigen
haben nichts geleistet
und werden auch nie

ii

der pilot tritt aus dem cockpit in
den fluggastraum
in der hand den ab-
gebrochenen steuerknüppel

seinen erklärungsversuchen
kommt die panik zuvor
zu spät...

Fatal error

und nun...?

die *escape*-Funktion
ist für dieses Programm
nicht vorgesehen

keine *reset*-Taste
läßt es wieder
wie früher sein

und für *hang up & quit*
hatte ich noch nie
die Übersetzung zur Hand...

whosestory

wenn die quellen
verstummen

nur die steine
noch zeugen

wessen geschichte?

Holy Water

diese hände
auf das wasser gelegt
werden niemals sinken

dieses wasser
das beide hände trägt
wird kein mensch je trinken

Regulas Tod

Ich habe die Lesezeichen
aus den Büchern genommen
Um weinen zu dürfen
schloss ich die Tür

Du gingst
Regula
und ließest mich
eine stumme Oboe
in der Nacht

Als er wusste
dass es enden würde
scharte er Rehe um sich
die formten einen Ring
und starben mit ihm

Jäger, die es fanden
verstanden's nicht

Straßen

Ich habe die spuren
meiner kinder verloren
nur noch straßen
nur noch straßen

Ihre kleinen füße
zu leicht um selbst
einen käfer zu zertreten

Hab nur eine seele
weiß mich nur in dieser welt
möchte nicht schon
in meinen kindern
gestorben sein

Die spuren meiner kinder
verloren – verloren
Warum fließen noch
immer die flüsse?

Journey's end

Schaufelt mein Grab
hier in diesem Nebel
Es gibt kein Meer
über das ich noch fahren könnte

Ich betete einst
das Nordlicht an
oder das Kreuz des Südens
Aber heute, Herr
komme ich heim zu dir...

Terminal lucidity

all diese schleier
die dir mehr und mehr
die welt verhüllten
dein verstehen trübten

zerreißen unvermittelt
klarheit blitzt auf
gleißendes licht
wärme ringsum

glut im innern
alles entflammt
der weltenbrand

endest als asche
oder wirst du wieder
zu sternenstaub?

Augenblick

gerafft in nur einer
sekunde offenbart sich
ein ganzes jahrzehnt
deines künftigen lebens

blitzschein erhellt
eine strecke des weges
der jenseits von morgen
im dunkel verläuft

du kannst es so schnell
ja gar nicht begreifen
und wendest den blick:
sie ist schon vorüber

zurück behältst du
nicht mehr als ein ahnen
das im laufe von jahren
sich in gewissheit verwandelt

verheißen...

ihn unablässig einklagen
diesen Überhang an Verheißung
nächtelang ringen
mit dem Ungenannten
„Sage doch, wie heißest du?"

und tagsüber hadern
mit allem und jedem
der nichts dazu beiträgt
die Vision zu erfüllen

müsstest allmählich
vernünftig werden
an Reife gewinnen
und loslassen lernen

doch verbissen beharrst Du
auf dem Recht jener einen
Offenbarungssekunde

mag der Hahn auch krähen
zum dritten Mal –
„ich lasse Dich nicht
Du segnest mich denn..."

Abend im Sommer

die worte perlen
heut leichter als sonst
und sind dabei
doch niemals belanglos
auch wenn wir die welt
nicht neu erfinden
oder sie ständig
von grund auf deuten:
einen moment lang sind
wir ihr mittelpunkt

dunkelheit kommt
die kerzen verlöschen
die bösen geister jedoch
bleiben gebannt
momente der stille
tropfen wie balsam
wir teilen sie allein
mit vermeintlichen igeln
eventuellen fledermäusen
doch niemandem sonst

Ihr alle

ich habe mit euch getanzt
hausarbeiten geschrieben
schach gespielt
und minigolf

wir haben zusammen
filme gesehen
spaziergänge gemacht
und in gremien gesessen

ihr habt mich mitgenommen
in euren autos
mich eingeladen
und durch räume geführt

ich habe euch
geschätzt, bewundert
mitunter beglückwünscht
aber niemals geküsst

Jugendliebe

Unverwundbar
bin ich heute
von deiner aura
noch umgeben

Niemand bricht mir
jetzt das herz
ich ließ es gern
in deiner hut

Schützend stehst du
mir vor augen
nichts begehrend
nicht als wunsch

Versöhnst das gestern
mit dem morgen
gibst mir frieden
tust mir gut

gläser zu blasen
und flaschen zu füllen
eine größere kunst
meine sehnsucht zu stillen

tage im frühjahr
ein bild das nicht weicht
ein senkblei im herzen
gottes fügung vielleicht

Späte Begegnung

Zu viel Vergangenes –
ich traue mir nicht.
Zu viele Spiegel,
wo sich Erinnerung bricht.
Zu viele Schatten –
wo verbirgt sich das Licht?

Was seh' ich in dir,
wofür sollst du gelten?
In uns und um uns
so verschiedene Welten
und die gemeinsame Wahrheit
offenbart sich nur selten...

M. T.

„Seltsam ist's im Nebel zu wandern"
Hesses Wort von deiner Hand
Seltsam war's auf jeden Fall
Wir sind uns fremd geblieben
Sage mir: wo auf dieser Welt
kennt wirklich eine einen andern?

Unvollendet aber aufgehoben
in meiner Mappe: deine Skizze
Wie unsre flüchtige Verbindung
ist sie Fragment geblieben
Und doch: das ungelebte Leben
ist mit dem wahren Sein verwoben

Unvollendet

die vollendeten Werke
trotz allem Schliff
aller Rundheit: begrenzt

die Fragmente dagegen
jegliches Werden
steht ihnen frei

der Tod des Künstlers
sein Wahnsinn mitunter
zeugt von der Größe des Plans
den er nicht bezwang

Winter

Die gewissheiten nehmen ab
und die verdächtigungen zu

Das verlassen des landes
oder zumindest
seiner bewohnten regionen
hat nichts unerhörtes
mehr an sich

Und das eis schmilzt nicht
es bricht besten falls

Atmen unterm Eis

Allem lauten
lamento zum trotz

Ich höre noch
atmen unterm eis

Voreilig die hand
die den schlussstrich zieht...

Im Norden

Die Winter sind lang
und die Weiden karg
unsere Sprache kennt
dreißig Wörter für Schnee

Unsere Väter waren Helden
sie kämpften mit Göttern
und starben im Eis

Unsere Mütter waren weise
sie kannten Gondwana
und erzählten von Freya
in stabenden Reimen

Der Frost herrscht bitter
und mit ihm die Nacht
sofern nicht das Nordlicht
den Himmel erhellt

Man kennt kaum die andern
Nur die Jagd ist gemeinsam
und manche Trauer um Tod

Das Leben ist innen:
enge Räume voll Rauch
Wir teilen das Lager
gleich wie unser Los

weltab...

Hast dich fest verbissen
in diese Einsamkeit
und am Ende gar
Geschmack daran gefunden

Das Band zur Welt zerrissen
der Weg zurück zu weit –
der Blick nach vorn ist klar
die Trauer überwunden

Niemand andern mehr vermissen
dir gehört nun alle Zeit
und was einst Sehnsucht war
zerfließt in blauen Stunden...

Übergang

(Zwischen den Jahren)

... innehalten
vor dem Übergang
zur Ruhe kommen
im Zwischenraum

was Wellen schlug
hat sich geglättet
der Blick wird klar
zurück und voraus

das Vollendete
rundet sich

und was das Alte uns
vorenthielt
bringt das Neue

womöglich

auch ein Unerwartetes ...

Inhalt

Ebenfalls erschienen:

Burkhard Gutleben

Von Jakob am Jabbok zu
Saul in En-Dor

Theologische und religiöse
Texte 1992 bis 2015

tredition

152 S., pb., ISBN 978-3-384-20857-6

Zeitfracht Medien GmbH
Ferdinand-Jühlke-Straße 7
99095 Erfurt, Deutschland
produktsicherheit@kolibri360.de